Ciberseguridad en la Era Digital

Protección de datos, ataques cibernéticos y estrategias de defensa

Fabio García

■ índice

Capítulo 1: Introducción a la ciberseguridad

◆ Capítulo 2: Tipos de amenazas cibernéticas

◆ Capítulo 3: Protección de datos personales y corporativos

◆ Capítulo 4: Seguridad en redes y sistemas

◆ Capítulo 5: Autenticación y control de acceso

◆ Capítulo 6: Ciberseguridad en dispositivos móviles y IoT

◆ Capítulo 7: Ataques cibernéticos famosos y lecciones aprendidas

◆ Capítulo 8: Estrategias de defensa y respuesta ante incidentes

◆ Capítulo 9: Cultura organizacional y capacitación en ciberseguridad

◆ Capítulo 10: El futuro de la ciberseguridad

Capítulo 1: Introducción a la ciberseguridad

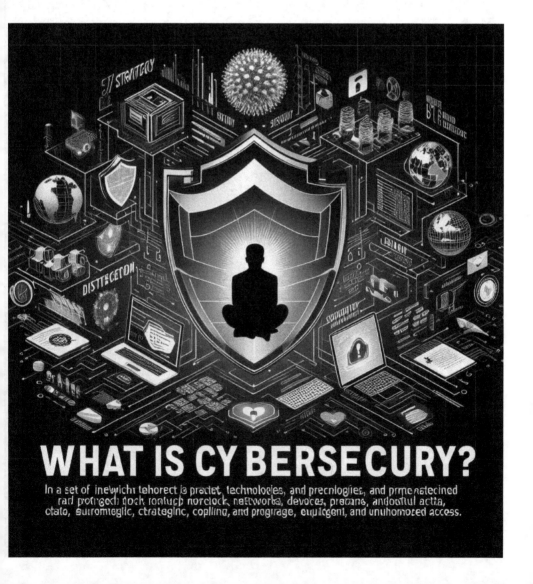

📌 ¿Qué es la ciberseguridad?

🔒 **La ciberseguridad** es el conjunto de prácticas, tecnologías y procesos diseñados para proteger redes, dispositivos, programas y datos contra ataques, daños o accesos no autorizados. En una era en la que la información se ha convertido en el activo más valioso, la protección digital ha dejado de ser una opción para convertirse en una necesidad estratégica.

📲 Con la creciente digitalización de todos los sectores —desde la banca hasta la educación, desde la salud hasta el entretenimiento—, garantizar la integridad, confidencialidad y disponibilidad de la información es esencial para la continuidad y estabilidad de cualquier sistema o entidad.

● Breve historia de la ciberseguridad

▉ Décadas de evolución tecnológica han transformado no solo la forma en que vivimos, sino también la manera en que protegemos nuestros entornos digitales:

- 🔔 Años 70-80: La ciberseguridad nace con el desarrollo de ARPANET. El primer "virus experimental" fue el Creeper, un programa que se replicaba en la red.

- ▉ Años 90: Proliferación de virus informáticos como ILOVEYOU y Melissa, junto con el surgimiento de los primeros antivirus y firewalls comerciales.

- ⬤ Años 2000: Con la masificación de Internet, surgen ataques más sofisticados como phishing, DDoS y worms como Blaster y Sasser.

- 🔇 Década de 2010: **Auge de los ataques a gran escala, el espionaje estatal, ransomware como WannaCry, y campañas cibernéticas organizadas.**

- Década de 2020 en adelante: **La seguridad en la nube, la inteligencia artificial, el big data y el IoT redefinen el panorama de amenazas y defensa.**

🖊 El nuevo escenario digital y sus vulnerabilidades

🌐 **Vivimos en una era donde millones de dispositivos están interconectados, generando y compartiendo datos en tiempo real. Esta hiperconectividad trae consigo vulnerabilidades sistémicas que pueden ser explotadas con efectos devastadores.**

⚫ Algunos puntos críticos:

- 🛰 **Crecimiento de dispositivos IoT sin protección adecuada**
- 💼 **Instituciones públicas y privadas con infraestructuras obsoletas**
- 👤 **Usuarios con bajo nivel de concienciación digital**

● **Aumento de ataques basados en ingeniería social**

■ **Filtraciones masivas de datos sensibles y credenciales**

🛡 **¿Por qué es crucial la ciberseguridad hoy?**

📱 La ciberseguridad no es solo un tema técnico; es una cuestión de supervivencia digital, económica, reputacional y hasta geopolítica.

🔎 Algunas razones clave para su importancia:

- 💼 **Protección empresarial**: Los ataques pueden generar pérdidas millonarias, interrumpir operaciones y dañar la confianza del cliente.

- 🏛 **Seguridad nacional**: Los ciberataques a infraestructuras críticas (energía, transporte, salud) representan riesgos para la soberanía de los países.

- 📖 **Seguridad personal: La identidad digital de los ciudadanos, sus datos financieros, médicos y privados están constantemente en riesgo.**

- 🔍 **Cumplimiento legal: Las leyes sobre privacidad y protección de datos obligan a empresas y gobiernos a reforzar sus sistemas.**

💬 Principios fundamentales de la ciberseguridad

🐌 **Toda estrategia de ciberseguridad debe basarse en los tres pilares esenciales conocidos como *la tríada CIA*:**

- ■ **Confidencialidad**: Garantizar que la información solo sea accesible a personas autorizadas.
- ■ **Integridad**: Asegurar que los datos no sean alterados o manipulados sin autorización.
- ■ **Disponibilidad**: Garantizar que la información y los sistemas estén accesibles cuando se necesiten.

A estos principios se suman otros conceptos clave como:

- ● **Autenticación:** **Validación de la identidad del usuario.**

- ◆ **Control de acceso:** **Restricción de operaciones según el perfil del usuario.**

- ■ **Auditabilidad:** **Registro de actividades para detectar anomalías o ataques.**

✸ El impacto de la ciberseguridad en la vida cotidiana

Muchas veces no somos conscientes de cómo la ciberseguridad afecta cada aspecto de nuestra rutina diaria:

- ■ Cuando usamos una tarjeta de crédito, confiamos en que los sistemas financieros protegerán nuestras transacciones.

- 🏠 En una casa inteligente, los dispositivos IoT requieren barreras para evitar accesos remotos maliciosos.

- ■ Al abrir un correo electrónico, podemos ser víctimas de un ataque de phishing si no existe una capa de protección adecuada.

- 🎒 Las escuelas y universidades, ahora digitales, son blancos frecuentes de robo de datos y sabotaje.

🚀 El desafío futuro: adaptarse o quedar expuesto

a ciberseguridad evoluciona al mismo ritmo (o incluso más lento) que las amenazas emergentes. Por ello, se requiere un cambio de mentalidad a todos los niveles:

- 💬 **Profesionales:** Formación continua y especialización.

- 💼 **Empresas:** Inversión en tecnología, talento y procesos de seguridad.

- 🏛 **Gobiernos:** Regulaciones y cooperación internacional.

- 👤 **Usuarios:** Cultura digital responsable y consciente.

💬 **La ciberseguridad es un esfuerzo colectivo, y su éxito depende de la coordinación entre tecnología, personas y procesos.**

■ *Este primer capítulo ha sentado las bases conceptuales del mundo de la ciberseguridad. Hemos visto su definición, evolución, impacto y principios esenciales. A partir de aquí, profundizaremos en cada tipo de amenaza, en las medidas de defensa y en las tecnologías emergentes que definirán el futuro de nuestra seguridad digital.*

● *En los siguientes capítulos entraremos de lleno en las amenazas más comunes, aprenderemos a reconocerlas y exploraremos cómo protegernos con estrategias prácticas y profesionales.*

Capítulo 2: Tipos de amenazas cibernéticas

💣 La ciberamenaza: el lado oscuro del mundo digital

En el vasto universo digital, no todos los actores juegan limpio. Las amenazas cibernéticas son cada vez más sofisticadas, persistentes y diversas, y afectan tanto a grandes corporaciones como a usuarios individuales. Conocerlas en profundidad es el primer paso para detectar, prevenir y responder eficazmente a los riesgos.

💬 Este capítulo ofrece una radiografía completa de los tipos de amenazas que enfrentamos a diario, sus mecanismos, objetivos y consecuencias.

🦠 Malware: el enemigo silencioso

🔬 *Malware* es una abreviatura de "software malicioso", y agrupa una amplia gama de programas diseñados para infiltrarse, dañar o alterar sistemas informáticos sin el consentimiento del usuario.

✴ *Tipos principales:*

- 👤 Virus: **Se adhieren a programas legítimos y se replican al ejecutarlos. Requieren acción del usuario.**

- 🖊 Gusanos (worms): **Se propagan por sí solos a través de redes. No necesitan intervención humana.**

- 🔒 **Ransomware**: Encripta los datos de la víctima y exige un rescate económico para liberarlos (ej: WannaCry).

- 👤 **Spyware: Espía la actividad del usuario, recogiendo información sin que lo sepa.**

- 🐴 **Troyanos: Se camuflan como software legítimo para ejecutar acciones dañinas al abrirlos.**

- 👾 **Rootkits y backdoors: Permiten el acceso remoto no autorizado al sistema, muchas veces sin ser detectados.**

📌 *Impacto*: **Pérdida de datos, robo de identidad, parálisis de operaciones, secuestro digital.**

🎧 Phishing: la trampa disfrazada de oportunidad

■ Phishing es una técnica de ingeniería social que busca engañar al usuario para que revele información confidencial, como contraseñas, números de tarjetas o datos bancarios.

⚒ Modalidades comunes:

- 📧 **Correos falsos**: Simulan provenir de instituciones legítimas (bancos, plataformas digitales).

- 🌐 **Webs clonadas**: Páginas que imitan a sitios reales para robar credenciales.

- ▮ **Smishing y vishing**: Phishing por SMS o llamadas telefónicas.

🎭 La clave de su éxito radica en la manipulación emocional: urgencia, miedo, recompensas falsas o amenazas de suspensión de servicios.

📌 *Impacto*: Robo de cuentas, fraudes financieros, acceso no autorizado a sistemas.

🗨️ Ingeniería social: manipulación como arma

🫧 *La ingeniería social* **explota el comportamiento humano y la psicología para obtener acceso a sistemas o información privada. No ataca al sistema, sino al eslabón más débil: el usuario.**

🧩 *Técnicas comunes:*

- 🎁 Premios falsos o sorteos trampa
- 📞 Llamadas suplantando a técnicos o autoridades
- 📋 Encuestas o formularios falsos
- 🧓 Engaños dirigidos a personas vulnerables (niños, adultos mayores)

📌 *Impacto:* Acceso a redes corporativas, filtración de datos, espionaje industrial.

🔗 Ataques de denegación de servicio (DDoS)

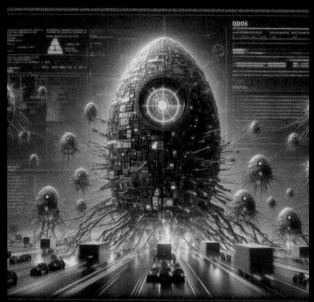

🌐 *Los ataques DDoS* (Distributed Denial of Service) buscan saturar los recursos de un sistema hasta hacerlo inoperativo. Se realiza mediante múltiples dispositivos (bots) que generan tráfico malicioso simultáneo.

✴ ¿Qué logran?

- ⬢ **Caída de servidores web o aplicaciones**

- ✕ **Interrupción de servicios en línea**

- ◼ **Daños reputacionales y financieros**

📌 *Impacto*: **Inaccesibilidad de sistemas críticos, paralización de negocios, chantaje (extorsión por detener el ataque).**

👥 Amenazas internas: el enemigo en casa

No todas las amenazas vienen del exterior. A menudo, empleados, contratistas o excolaboradores representan riesgos internos por descuido o malicia.

■ Tipos de insiders:

- ● Negligentes: No siguen protocolos de seguridad.

- ● Malintencionados: Actúan por venganza, beneficio propio o sabotaje.

- ● Manipulados: Han sido víctimas de phishing o ingeniería social.

📌 Impacto: Fugas de información, borrado de datos, espionaje interno, violación de normas de compliance.

🔍 APTs: Amenazas persistentes avanzadas

Las *Advanced Persistent Threats* **son ataques dirigidos de largo plazo, ejecutados por grupos altamente organizados (incluso estatales). Se infiltran lentamente, permanecen ocultos y extraen información estratégica por períodos prolongados**

🧬 Características:

- ⬤   **Objetivos específicos (gobiernos, corporaciones, infraestructuras críticas)**

- ⬢   **Acceso silencioso y sostenido**

- ⬤   **Uso de malware personalizado, técnicas de evasión y múltiples vectores de ataque**

📌 Impacto: **Robo de propiedad intelectual, espionaje geopolítico, vulneración de sistemas esenciales.**

💰 Fraudes financieros y suplantación de identidad

La digitalización de las finanzas ha abierto la puerta a fraudes bancarios, robos de identidad y estafas en línea que afectan tanto a personas como a empresas.

■ Modalidades frecuentes:

- ■ Robo de identidad digital

- ■ Clonación de tarjetas de crédito

- ■ Estafas de inversión falsas

- ● Criptofraudes y esquemas Ponzi digitales

📌 *Impacto*: **Pérdidas económicas, demandas legales, afectación a la credibilidad de instituciones**.

🔥 Ataques a infraestructuras críticas

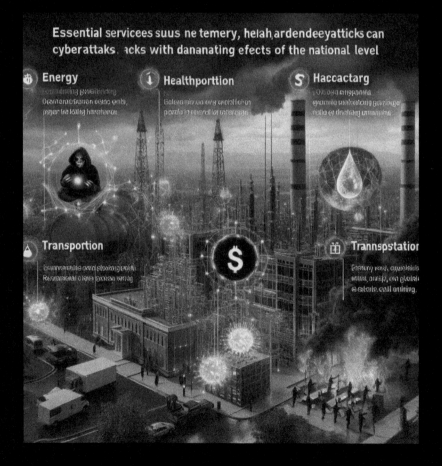

⚒ Servicios esenciales como energía, salud, transporte y agua pueden ser blanco de ciberataques con efectos devastadores a nivel nacional.

🔋 Ejemplos:

- 🔋 Ataques a plantas petroleras (ej: Colonial Pipeline)

- 💼 Bloqueo de hospitales con ransomware

- 🚋 Sistemas ferroviarios y de tráfico comprometido

📌 *Impacto*: Riesgo para la vida humana, crisis institucional, pérdida de confianza en sistemas públicos.

🧬 La evolución de las amenazas: adaptabilidad e inteligencia

Las amenazas actuales no solo son más potentes, sino más inteligentes y adaptables. Utilizan tecnologías como inteligencia artificial para evadir defensas, segmentar objetivos y automatizar ataques a escala masiva.

Nuevas tendencias:

- 🔔 Malware con IA para modificar su comportamiento

- 🌐 Phishing automatizado y personalizado con big data

- 🛰 Ataques a redes satelitales y dispositivos conectados en 5G

■ *En este capítulo hemos recorrido el vasto catálogo de amenazas cibernéticas que circulan en la era digital. Desde el malware más conocido hasta las amenazas internas y los ataques a infraestructuras críticas, cada una representa un riesgo concreto con consecuencias reales.*

◆ *El conocimiento es la primera línea de defensa.* **Comprender cómo funcionan estas amenazas y cómo se manifiestan en distintos contextos será clave para diseñar estrategias de protección efectivas. En los próximos capítulos, profundizaremos en cómo proteger nuestros datos, sistemas y redes frente a este escenario complejo y cambiante.**

🔓 Capítulo 3: Protección de Datos Personales y Corporativos

🧬 La información: el nuevo oro del siglo XXI

🗨️ *En la era digital*, la información se ha convertido en uno de los activos más valiosos para empresas, gobiernos y usuarios. Desde nombres y direcciones hasta datos financieros, historiales médicos y secretos empresariales, todo está almacenado en sistemas digitales.

💡 Pero este poder conlleva una gran responsabilidad: proteger los datos de forma integral frente a múltiples amenazas, tanto externas como internas. En este capítulo, analizaremos las mejores prácticas, marcos legales y tecnologías clave para garantizar la seguridad de la información personal y corporativa.

⬢ Fundamentos de la protección de datos

🔐 La protección de datos no se trata solo de colocar un antivirus o activar una contraseña. Es un conjunto de políticas, tecnologías y procedimientos diseñados para:

- ⬡ **Prevenir el acceso no autorizado**

- 🔍 **Detectar accesos sospechosos o vulnerabilidades**

- 🧯 **Responder ante incidentes**

- 🛅 **Recuperar datos en caso de pérdida o ataque**

■ Se basa en los principios clave de la seguridad de la información:

- 🔒 Confidencialidad: **Solo personas autorizadas acceden a la información.**

- ⚙ Integridad: **Los datos deben mantenerse precisos y sin alteraciones no autorizadas.**

- ■ Disponibilidad: **Los sistemas y datos deben estar accesibles cuando se necesiten.**

- ■ Trazabilidad: **Todo acceso o modificación debe quedar registrado.**

👤 Protección de datos personales

🧍 Los datos personales abarcan toda aquella información que puede identificar a una persona: nombre, cédula, dirección IP, ubicación, historial de compras, etc.

🔍 ¿Por qué protegerlos?

- Porque pueden usarse para suplantación de identidad, fraudes o manipulación.

- 🛡 Porque su mal uso puede afectar la privacidad, la reputación y la seguridad física del usuario.

- 📜 Porque existen leyes que obligan a su resguardo.

💼 Buenas prácticas de protección personal:

- 🔑 Usar contraseñas robustas y únicas (con gestores de contraseñas).

- 🧹 Eliminar datos sensibles de dispositivos antes de desecharlos o venderlos.

- ▌ Configurar la privacidad en redes sociales y apps.

- ▆ No compartir información confidencial por canales no seguros.

- ● Formarse en alfabetización digital para reconocer riesgos.

💼 Protección de datos corporativos

⛁ En el mundo empresarial, la información es un activo estratégico. Desde bases de clientes hasta planes de negocio, diseños industriales o códigos fuente, todo debe estar blindado contra accesos indebidos y pérdidas.

💼 Tipos de datos sensibles en empresas:

- 🔲 Datos financieros y fiscales
- 👤 Datos de empleados y clientes
- 💬 Propiedad intelectual y know-how
- ⬢ Información de productos, proveedores y operaciones

🔧 **Estrategias clave para protegerlos:**

- ⬡ **Implementar firewalls, antivirus corporativos y sistemas de detección de intrusos.**
- 🧬 **Usar cifrado para datos en tránsito y en reposo.**
- ◼ **Realizar backups automáticos, frecuentes y verificados.**
- ▮ **Contar con políticas de control de acceso y privilegios mínimos.**
- 🔍 **Auditorías internas periódicas y simulaciones de ataques (pentesting).**

🔐 Cifrado: el escudo matemático

✏️ **El cifrado convierte la información legible en un formato ilegible para quienes no tengan la clave correspondiente. Es uno de los pilares técnicos más sólidos de la protección de datos.**

🔐 Tipos de cifrado:

- 🔑 **Simétrico**: La misma clave cifra y descifra (más rápido, ideal para grandes volúmenes).

- 🔐 **Asimétrico**: Usa un par de claves (pública y privada); muy usado en correos electrónicos y firmas digitales.

- ▪ **Cifrado de extremo a extremo**: Asegura que solo el emisor y el receptor puedan leer los datos (usado en apps como Signal o WhatsApp).

💼 **Usos en el entorno corporativo:**

- 💼 Encriptación de correos electrónicos sensibles.

- 🛒 Protección de transacciones en e-commerce (SSL/TLS).

- 📂 Cifrado de discos duros y bases de datos empresariales.

- 🌐 VPNs cifradas para conexiones remotas seguras.

Cumplimiento legal y regulaciones sobre datos

Proteger los datos no solo es una buena práctica, sino también una obligación legal en la mayoría de los países. Las normativas buscan garantizar que las organizaciones manejen los datos personales con responsabilidad, transparencia y respeto a los derechos del titular.

📜 Principales marcos legales a nivel global:

- ◼ **GDPR (Reglamento General de Protección de Datos) – Unión Europea**

- ◼ **Ley 1581 de 2012 y decretos reglamentarios – Colombia**

- ◼ **CCPA (California Consumer Privacy Act) – Estados Unidos**

- ● **Ley de Protección de Datos Personales en múltiples países de América Latina**

📋 Obligaciones comunes para las empresas:

- 🗣️ Informar al usuario sobre el uso de sus datos.

- 📄 Obtener consentimiento claro y verificable.

- 🔐 Proteger los datos con medidas técnicas y organizacionales.

- 🗑️ Eliminar los datos cuando dejen de ser necesarios.

- 📢 Notificar a la autoridad y al titular en caso de filtración.

● Cultura organizacional de ciberseguridad

🏛 Las empresas no pueden depender solo de la tecnología. Se necesita una cultura de protección de datos, donde cada empleado entienda su rol en la seguridad.

📌 **Componentes clave:**

- ♠ **Capacitaciones periódicas para todos los niveles.**

- 📋 **Protocolos claros de manejo de información.**

- 📪 **Canales de denuncia interna para incidentes.**

- 🖊 **Simulacros de ciberataques y respuesta a incidentes.**

- 👥 **Liderazgo comprometido con la ciberseguridad.**

💡 **Una organización que invierte en cultura de seguridad reduce exponencialmente los riesgos de fugas, errores humanos y ataques exitosos.**

◆ Backup y recuperación de datos: prepararse para lo peor

■ A pesar de todas las medidas, los incidentes pueden ocurrir. La mejor defensa final es contar con copias de seguridad actualizadas y un plan de recuperación eficaz.

- 🗓️ Programar respaldos automáticos diarios o semanales.

- Usar almacenamiento en la nube con cifrado.

- 🟦 Aplicar la regla 3-2-1: 3 copias, 2 formatos, 1 fuera del lugar físico.

- ✏️ Probar regularmente la recuperación para garantizar que funciona.

💡 Un buen sistema de backup puede significar la diferencia entre una catástrofe y una simple interrupción temporal.

🌐 Protección en la nube

Hoy en día, muchas empresas y usuarios almacenan sus datos en plataformas cloud. Aunque estas ofrecen grandes ventajas, también implican nuevos desafíos de seguridad.

🔐 Recomendaciones clave:

- 🔑 Activar autenticación multifactor (MFA).

- ▦ Leer los términos de privacidad del proveedor cloud.

- 📁 Controlar qué se sube y con quién se comparte.

- ▢ Supervisar accesos y movimientos en la nube.

- ▢ Integrar la nube en el sistema general de seguridad de la empresa.

■ *La protección de datos es una misión crítica y continua, tanto para individuos como para organizaciones. Requiere una combinación de:*

- 🗨 *Conciencia y educación*

- 🛡 *Herramientas tecnológicas efectivas*

- ▨ *Cumplimiento normativo*

- ⬡ *Procedimientos y cultura organizacional sólida*

● *En un mundo cada vez más interconectado, proteger la información no es opcional: es un deber ético, legal y estratégico.*

Capítulo 4: Seguridad en Redes y Sistemas

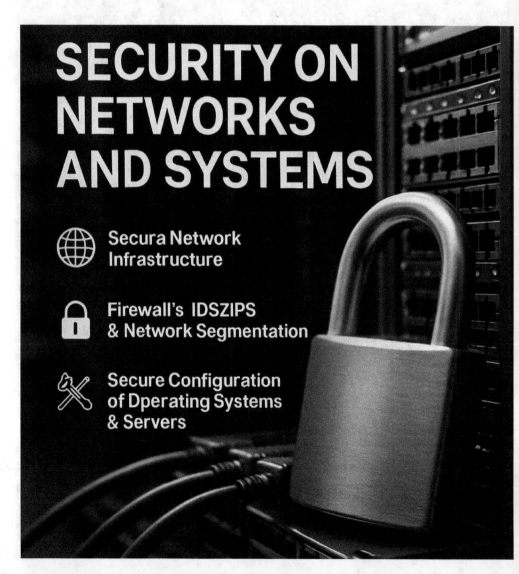

🌐 Infraestructura de red segura

💬 Las redes son las autopistas por donde viaja la información digital. Desde el correo electrónico hasta las bases de datos empresariales, todo fluye a través de conexiones que, si no están bien protegidas, se convierten en puertas abiertas a ciberataques.

🔍 Una infraestructura de red segura implica el diseño, implementación y monitoreo de mecanismos que impidan accesos no autorizados, aseguren la confidencialidad de los datos y garanticen la disponibilidad del servicio.

🔶 Principios fundamentales de una red segura

- 🛡 **Defensa en profundidad**: implementar múltiples capas de seguridad para que si una falla, otras sigan protegiendo.

- 🗄 **Segmentación de red**: dividir la red en zonas o subredes para aislar recursos críticos.

- ⬛ Redundancia y resiliencia: **evitar puntos únicos de fallo y garantizar continuidad.**

- 🔒 Control de acceso estricto: **solo permitir conexiones autorizadas y verificadas.**

- ⬮ Visibilidad y monitoreo constante: **saber qué sucede en cada parte de la red en tiempo real.**

⬤ Elementos clave de una red segura

- ✿ **Switches y routers configurados correctamente**

- ⬡ **Firewalls bien estructurados**

- 💬 **Sistemas de detección y prevención de intrusos (IDS/IPS)**

- 🔗 **VPNs para conexiones remotas cifradas**

- ⬤ **Sistemas de gestión de eventos y registros (SIEM)**

- ✏ **Pruebas de penetración regulares**

🔧 **Sin una infraestructura bien pensada y ejecutada, cualquier otro esfuerzo de ciberseguridad se vuelve inútil: la red es la primera línea de defensa.**

🔒 Firewalls, IDS/IPS y segmentación de redes

🔥 Firewalls: guardianes del perímetro digital

Los firewalls actúan como filtros entre redes internas (confiables) y externas (potencialmente peligrosas, como Internet). Evalúan el tráfico que entra y sale según reglas predefinidas.

Tipos de firewalls:

- ⊕ **Firewalls de red (perimetrales):** controlan el tráfico entre redes, generalmente a nivel de puertos/IP.

- 🖥 **Firewalls de host: instalados en dispositivos individuales.**

- ⬤ **Firewalls de próxima generación (NGFW):** incorporan inspección profunda de paquetes, control de aplicaciones y funciones de IDS/IPS.

Buenas prácticas con firewalls:

- ▪ **Definir políticas claras de entrada y salida.**
- ● **Denegar todo lo no explícitamente permitido.**
- ▪ **Actualizar reglas periódicamente.**
- ✎ **Probar configuración en entornos de pruebas.**

● IDS/IPS: detección y reacción ante amenazas

● **Los IDS (Intrusion Detection Systems) y IPS (Intrusion Prevention Systems) son esenciales para monitorear el tráfico de red en busca de actividades maliciosas.**

- 👁 IDS: detecta y alerta, pero no bloquea.

- ⬢ IPS: detecta y bloquea automáticamente en tiempo real.

🔬 *¿Qué detectan?*

- Intentos de intrusión

- Comportamientos anómalos

- Malware conocido

- Actividad fuera de políticas

💡 Estos sistemas utilizan firmas conocidas y análisis heurístico para identificar amenazas, y son vitales para detectar ataques como escaneos de puertos, exploits y tráfico sospechoso interno.

🧩 Segmentación de redes: contención y control

⬢ La segmentación consiste en dividir una red grande en redes más pequeñas (subredes o VLANs) con controles de acceso específicos entre ellas.

⬤ *Ventajas clave:*

- 🔐 **Limita el alcance de un atacante en caso de intrusión.**

- ⬡ **Protege sistemas críticos al mantenerlos aislados.**

- ⬤ **Facilita la gestión de tráfico y políticas.**

- 🔍 **Permite monitorear segmentos específicos con mayor detalle.**

📌 **Ejemplo típico: separar el tráfico de usuarios invitados, administración, dispositivos IoT y servidores críticos.**

🔧 Se puede implementar con:

- **VLANs (Virtual LANs)**
- **Routers con reglas ACL (Access Control Lists)**
- **Firewalls internos**

⚒ Configuración segura de sistemas operativos y servidores

🖥 Un sistema operativo mal configurado es como dejar las puertas abiertas de una bóveda. A menudo, las vulnerabilidades más explotadas provienen de configuraciones por defecto o servicios innecesarios activados.

🔶 *Principios de hardening (endurecimiento) del sistema:*

- 🦠 Eliminar o desactivar servicios no requeridos

- 🔧 Configurar correctamente permisos de archivos y directorios

- 🔒 Cambiar contraseñas por defecto

- ▦ Habilitar logs de auditoría

- ◼ Aplicar parches y actualizaciones regularmente

🛡 *Configuración segura en sistemas operativos*:

- 🔖 **Usar usuarios sin privilegios para tareas cotidianas**

- 🔒 **Aplicar políticas de contr**
- **aseñas complejas**

- 🪦 **Establecer sesiones con tiempo límite de inactividad**

- 🔐 **Activar cifrado de disco y directorios sensibles**

- 📄 **Auditar el sistema con herramientas como Lynis, CIS Benchmarks o OpenSCAP**

Seguridad en servidores:

🖥️ Los servidores almacenan y gestionan los activos digitales más sensibles. Protegerlos es una prioridad absoluta.

📌 Buenas prácticas esenciales:

- 🔐 Asegurar las interfaces de administración (SSH, RDP) mediante VPN o túneles.

- ⬜ Usar autenticación multifactor (MFA) en accesos críticos.

- 🔍 Registrar todos los accesos y cambios (log de eventos).

- ⬜ Monitorizar recursos y comportamientos inusuales.

- ✏️ **Probar vulnerabilidades con escáneres como Nessus, OpenVAS o Qualys.**

💬 Automatización y gestión centralizada

⚙ A medida que las organizaciones crecen, gestionar la seguridad manualmente es insostenible. Por eso es clave:

- 🧰 Usar herramientas de gestión de configuración como Ansible, Puppet o Chef.

- 🌐 Integrar plataformas SIEM para correlacionar eventos de múltiples fuentes.

- ⬛ Automatizar parches, backups, alertas y respuestas ante incidentes.

💡 Automatización no reemplaza al humano, pero potencia su capacidad de reacción y vigilancia 24/7.

■ *La seguridad de redes y sistemas es la médula espinal de cualquier estrategia de ciberseguridad moderna. Invertir en ella significa construir cimientos sólidos frente a ataques cada vez más sofisticados.*

🔑 *Proteger adecuadamente los puntos de entrada, establecer segmentación lógica, reforzar la configuración del sistema y vigilar continuamente son pilares esenciales para un entorno digital seguro y resiliente.*

◆ Capítulo 5: Autenticación y control de acceso

💬 *"No se trata solo de cerrar la puerta, sino de asegurarse de que solo las personas correctas tengan la llave."*

🧬 Métodos de Autenticación: contraseñas, biometría, MFA

🔑 La autenticación es el proceso de verificación de identidad. Antes de otorgar acceso a un sistema, este debe asegurarse de que la persona (o entidad) que intenta ingresar es quien dice ser. En un mundo hiperconectado, con millones de usuarios accediendo a miles de servicios simultáneamente, contar con métodos robustos de autenticación no es una opción, es una obligación crítica.

Contraseñas: el método clásico (y aún problemático)

🔐 Las contraseñas siguen siendo el método de autenticación más común... y también uno de los más vulnerables. El error no está en su existencia, sino en su gestión deficiente.

📌 **Problemas comunes:**

- 📁 **Uso de contraseñas débiles (ej: "123456", "admin", "password")**

- **Reutilización de contraseñas entre servicios**

- ▦ **Falta de rotación periódica**

- ⬤ **Almacenamiento inseguro**

💡 **Buenas prácticas:**

- ⬢ **Contraseñas de mínimo 12 caracteres, con mezcla de mayúsculas, minúsculas, números y símbolos**

- ▣ **Cambio regular de contraseñas**

- ❇️ Uso de gestores de contraseñas como Bitwarden, 1Password o KeePass

- ⬢ Política de "prohibición de contraseñas comprometidas" (usando bases como HaveIBeenPwned)

🧬 Biometría: tú eres tu contraseña

⬤ La biometría verifica aspectos únicos del cuerpo o comportamiento del usuario: huellas digitales, rostro, retina, voz, e incluso el ritmo de tecleo. Estos métodos son altamente convenientes, pero no están exentos de riesgos.

◼ *Ventajas:*

- 🔍 Difíciles de replicar

- ⚡ Rápidos y cómodos

- 🛡 No se olvidan ni se pierden
Desafíos:

- 🗄 Si un dato biométrico es comprometido, no se puede cambiar

- ⬡ Requieren hardware especializado (sensores, cámaras)
- 👁 Posibles falsos positivos o fallos en ciertas condiciones (luz, humedad, heridas)

-

💡 Recomendación: no usar biometría como único factor, sino como parte de una estrategia multifactorial.

🔐 Autenticación multifactor (MFA): defensa de élite

🛡️ MFA combina dos o más factores de autenticación, ofreciendo una protección exponencialmente mayor.

🧩 *Tipos de factores:*

1. 🧠 **Algo que sabes (contraseña)**
2. 🔐 **Algo que tienes (token, app móvil, llave física)**
3. 🧬 **Algo que eres (biometría)**

📲 *Ejemplos de MFA:*

- **Código enviado por SMS (menos seguro)**
- **Aplicaciones de autenticación (Google Authenticator, Authy, Microsoft Authenticator)**
- **Llaves físicas como YubiKey o SoloKey**

- Notificaciones push en app segura

✳ Con MFA, aunque se robe una contraseña, el atacante necesitaría también el segundo factor para ingresar. Se estima que el uso de MFA puede prevenir más del 90% de ataques de toma de cuentas.

Gestión de identidades (IAM)

🔧 *IAM (Identity and Access Management)* es la columna vertebral del control de acceso moderno. Se trata de un conjunto de políticas, tecnologías y procesos que garantizan que las personas adecuadas tengan el acceso apropiado a los recursos adecuados en el momento adecuado.

🧩 Componentes de un sistema IAM

- 🆔 Identidad digital: creación y mantenimiento de cuentas únicas por usuario

- ◼ Autenticación: verificación de identidad

- ⬡ Autorización: decisión sobre qué puede hacer un usuario autenticado

- ✎ **Provisionamiento y desprovisionamiento: alta y baja automatizada de accesos**

- ● **Auditoría y monitoreo: seguimiento de accesos, alertas de anomalías**

💡 **Un buen sistema IAM automatiza flujos de acceso, reduce errores humanos y garantiza cumplimiento normativo (como GDPR o ISO/IEC 27001).**

🌐 IAM en la era del cloud y trabajo remoto

🧱 **En entornos híbridos y distribuidos, IAM ya no es opcional, sino un requerimiento para la continuidad segura de las** operaciones.

📌 *Soluciones modernas de IAM:*

- 🔐 **Azure Active Directory**
- 🔐 **Okta**
- 🔐 **Ping Identity**
- 🔐 **OneLogin**

⬜ *Estas plataformas permiten:*

- **SSO (Single Sign-On)**
- **MFA integrado**
- **Control de acceso condicional**
- **Gestión de usuarios externos y federación de identidades**

🏷️ Roles, privilegios y políticas de acceso

Principe l of Lest Priilelte

o user shoudrold shloud ind noles marhe more access than necessarty to perfoy heir work.
o lusesond than upieraition o ipnenalatuntionlse piprovncting mecomprisaaded account,
tbiltvics rindsuipleduisbutlies reoriew of prtciites when usecatl revrercaljes arnermicuen
Speracly repoamic revolation roe we niguatpnt leavnes of the ulmnation,
Sspaicailo, fnien changing roles or l eeaving he organization.

Tener acceso no debería significar acceso total. Es aquí donde entran los roles, los privilegios y las políticas: las herramientas que permiten establecer controles granulares y precisos.

Principio del mínimo privilegio

Ningún usuario debe tener más acceso del necesario para realizar su trabajo. Este principio básico reduce dramáticamente el riesgo en caso de una cuenta comprometida.

Implementaciones típicas:

- Separación de funciones (SoD – Segregation of Duties)

- Revisión periódica de privilegios

- Revocación automática al cambiar de rol o salir de la organización

✣ *Control basado en roles (RBAC)*

🗝 **RBAC permite asignar permisos basados en el rol que un usuario cumple dentro de la organización (por ejemplo: "Administrador de TI", "Usuario de Recursos Humanos", "Contador").**

💡 *Ventajas:*

- 📋 **Gestión simple y escalable**

- 🖇 **Mayor coherencia en la asignación de permiso**

- 🔍 **Facilita auditorías**

▪ *Control basado en atributos (ABAC)*

🧬 **ABAC es más avanzado y permite decisiones basadas en múltiples atributos del usuario, entorno, recursos y contexto.**

⬡ *Ejemplo:*

"Permitir acceso si el usuario es del área legal, está usando un dispositivo corporativo y se encuentra en la oficina."

👑 **Ideal para entornos complejos con** múltiples condiciones dinámicas.

■ *Autenticación y control de acceso son la primera barrera de defensa en cualquier ecosistema digital. Si fallan, no importa cuán sólido sea el resto de tu infraestructura: los atacantes tendrán una vía libre para actuar.*

🔒 *Aplicar métodos de autenticación robustos, implementar una gestión de identidades madura y definir claramente los roles y permisos de cada usuario no solo mejora la seguridad: también aumenta la eficiencia, el cumplimiento normativo y la confianza del cliente.*

Capítulo 6: Ciberseguridad en dispositivos móviles y IoT

CIBERSEGURIDAD EN DISPOSITIVOS MÓVILES Y IoT

- Riesgos en smartphones, tablets y wearables
- Dispositivos inteligentes:

Riesgos en smartphones, tablets y wearables

🎙️ *"En un mundo donde hasta la nevera está conectada, la seguridad ya no es opcional: es esencial."*

📲 Los dispositivos móviles han pasado de ser simples herramientas de comunicación a convertirse en verdaderas computadoras personales que llevamos en el bolsillo. Gestionan correos, contraseñas, redes corporativas, cuentas bancarias, apps médicas... y eso los convierte en objetivos privilegiados para los atacantes.

✏️ *Principales riesgos y vectores de ataque en móviles*

🔍 Los atacantes usan diversas técnicas para comprometer smartphones y tablets:

- 📥 Aplicaciones maliciosas: apps que parecen legítimas pero roban datos, activan cámaras o graban conversaciones.

- 🔗 **Phishing móvil:** enlaces maliciosos a través de SMS (smishing), WhatsApp o redes sociales.

- **Fugas en sincronización:** datos sensibles que se sincronizan automáticamente con la nube sin cifrado.

- 🔊 **Redes Wi-Fi públicas:** intercepción de tráfico no cifrado o creación de puntos de acceso falsos (evil twin).

- 🔧 **Exploits en el sistema operativo:** especialmente en dispositivos con sistemas desactualizados o "rooteados".

🛠 *Wearables: relojes, bandas y más*

🔖 Los dispositivos vestibles (wearables) como smartwatches o pulseras de actividad están llenos de sensores y datos personales, desde el ritmo cardíaco hasta la geolocalización constante. Sin embargo, muchos:

- ✗ No cifran la comunicación con el móvil.
- ✗ No tienen autenticación al encenderse o vincularse.
- ✗ No permiten actualizaciones de firmware seguras.

📌 Esto los convierte en una puerta trasera para acceder a información personal o incluso a redes empresariales si están emparejados con dispositivos de trabajo.

🛡️ *Buenas prácticas para proteger dispositivos móviles*

La protección efectiva de móviles requiere una combinación de tecnología, políticas y concientización:

- 🔒 **Activar cifrado de almacenamiento**

- 🔐 Usar PIN fuerte, biometría y bloqueo automático

- 📲 Instalar solo apps desde tiendas oficiales (Google Play, App Store)

- 🚫 Evitar el "jailbreak" o "rooting"

- 🛠 Actualizar sistema y apps periódicamente

- 🗼 Activar gestión remota y borrado en caso de pérdida (Find My, Google Find)

- 🛡 Usar soluciones MDM (Mobile Device Management) en entornos empresariales

🔗 Dispositivos inteligentes: vulnerabilidades y gestión

El Internet de las Cosas (IoT) conecta miles de millones de dispositivos: cámaras, luces, televisores, termostatos, timbres, cerraduras, sensores industriales y hasta cepillos de dientes inteligentes.

Pero la mayoría de ellos no fue diseñado pensando en la ciberseguridad.

Vulnerabilidades comunes en IoT

💣 **Los dispositivos IoT comparten muchas debilidades estructurales:**

- 🔓 **Contraseñas predeterminadas y públicas**

- 📡 **Protocolos de comunicación inseguros (HTTP, Telnet, FTP)**

- ▨ **Falta de actualizaciones o firmware obsoleto**

- 📤 **Exposición a Internet sin filtros ni segmentación**

- 🔷 Falta de cifrado en la transmisión de datos

- ⚒ Interfaces de administración accesibles sin autenticación

◼ *Muchos fabricantes priorizan el lanzamiento rápido y la funcionalidad, dejando la seguridad relegada al último lugar (si es que está en la lista).*

🔘 *Casos reales de ataques a IoT*

- 💬 Cámaras IP hackeadas transmitiendo imágenes privadas por Internet

- 👤 Botnets como Mirai, que convirtieron miles de routers y cámaras en armas para lanzar ataques DDoS masivos

- 🚗 **Ataques a autos inteligentes, donde investigadores lograron controlar funciones críticas a distancia (frenos, dirección)**

- 💼 **Equipos médicos conectados vulnerables que podrían afectar directamente la salud de los pacientes**

🛡 Estrategias para proteger el ecosistema IoT

🔓 **Proteger dispositivos IoT requiere una nueva mentalidad: asumir que son mini computadoras que deben tratarse con el mismo nivel de seguridad que un servidor o una laptop.**

🛠 *Medidas técnicas clave*

- ■ **Cambiar contraseñas predeterminadas de inmediato**

- ⬡ **Desactivar funciones que no se usen (puertos abiertos, APIs)**

- ■ Actualizar firmware periódicamente

- 🌐 Segmentar la red IoT del resto de la red interna (VLANs, redes para invitados)

- 🔍 Monitorear tráfico de red IoT en busca de patrones anómalos

- 🔐 Cifrar las comunicaciones entre dispositivos y servicios en la nube

- 🏷 Usar firewalls específicos y listas blancas de IPs

Buenas prácticas organizacionales

- Inventariar todos los dispositivos conectados

- Aplicar políticas de adquisición seguras: elegir fabricantes con buenas prácticas de ciberseguridad

- Auditar periódicamente la red y los dispositivos

- Capacitar a los usuarios para evitar malas prácticas (ej. conectar dispositivos no autorizados)

- Adoptar marcos de referencia como NIST SP 800-213 o ISO/IEC 27400 sobre seguridad IoT

🌐 IoT en entornos críticos: el desafío industrial

En fábricas, plantas eléctricas, redes de distribución y sistemas de transporte, el IoT se transforma en IIoT (Industrial IoT). Aquí, los errores no solo cuestan dinero, sino que pueden provocar accidentes o daños físicos.

📌 **Por eso se requiere:**

- 🔹 **Supervisión continua con sistemas SCADA y SIEMs adaptados**

- 🔐 **Autenticación fuerte máquina-a-máquina**

- 🔔 **Respuesta rápida ante incidentes**

- 🔧 **Integración de seguridad desde el diseño (security by design)**

→▪ *La ciberseguridad moderna **ya no puede limitarse a proteger servidores y redes: debe abrazar el ecosistema móvil e IoT con la misma intensidad y rigor**. Cada smartwatch, cada cámara de seguridad y cada sensor es un punto potencial de entrada o fuga. El reto está en lograr una conectividad segura, escalable y resiliente.*

⊕ *Proteger el IoT y los dispositivos móviles no es solo una tarea tecnológica, sino una cuestión de cultura organizacional, normativa y visión estratégica.*

🚀 *Y así, con todos estos dispositivos asegurados, nos preparamos para el próximo paso lógico...*

◆ Capítulo 7: Ataques cibernéticos famosos y lecciones aprendidas

ATAQUES CIBERNÉTICOS FAMOSOS y LECCIONES APRENDIDAS

CASOS ICÓNICOS:
WannaCry, SolarWinds, Equifax

ANÁLISIS FORENSE DE INCIDENTES

IMPACTO ECONÓMICO, REPUTACIONAL Y LEGAL

🖊️ Casos Icónicos: WannaCry, SolarWinds, Equifax

⬡ *"En cada ataque cibernético, hay una historia de advertencia escrita en código malicioso."*

✴ WannaCry (2017): El ransomware que paralizó al mundo

✹ *WannaCry* **fue un ransomware global que explotó una vulnerabilidad en sistemas Windows llamada EternalBlue, supuestamente desarrollada por la NSA y filtrada por el grupo Shadow Brokers**.

♀ *Cómo funcionó:*

- **Aprovechó la falla en SMBv1 (Server Message Block) para propagarse como gusano.**
- **Cifró archivos de miles de máquinas y exigió pagos en Bitcoin.**
- **Afectó principalmente a organizaciones con sistemas desactualizados.**

👍 *Impacto:*

- Más de 200,000 sistemas infectados en 150 países.

- El NHS británico (sistema de salud pública) tuvo que suspender cirugías, ambulancias y atención médica

- Empresas como Telefónica, Renault y FedEx también fueron afectadas.

💬 *Lecciones:*

- 📋 Actualizar los sistemas operativos es crítico: Microsoft ya había lanzado el parche MS17-010 antes del ataque.

-

- ⊘ No usar software obsoleto como Windows XP en entornos críticos.

- ◆ Segmentación de red y backups seguros pueden mitigar ataques de ransomware.

- ♟ Capacidad de detección temprana puede marcar la diferencia entre contención y catástrofe.

♟ SolarWinds (2020): El ataque invisible a la cadena de suministro

🔧 Este ataque fue una obra maestra de espionaje cibernético atribuida a actores estatales.

Los atacantes comprometieron Orion, un software de monitoreo de red usado por miles de empresas y agencias gubernamentales.

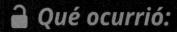 *Qué ocurrió:*

- Infectaron actualizaciones legítimas del software Orion con un backdoor llamado SUNBURST.

- Este malware fue distribuido a más de 18,000 organizaciones, incluyendo el Departamento del Tesoro y Microsoft.

💬 *Características del ataque:*

- 🧬 Alta sofisticación y sigilo: permaneció activo sin ser detectado por meses.

- ⚪ Acceso privilegiado en infraestructuras críticas.

- ⬜ Movimientos laterales dentro de redes internas.

Consecuencias:

- **Daños incalculables en términos de seguridad nacional y confianza en software de terceros.**

- **Expuso la fragilidad de la cadena de suministro digital global.**

- **Generó un tsunami de revisiones sobre cómo se integran sistemas de terceros en ambientes seguros.**

📇 *Lecciones:*

- 🔑 **Zero Trust como filosofía: no confiar ni siquiera en actualizaciones oficiales sin validación profunda.**

- ◾ Auditorías constantes de código y firmas digitales.

- 💬 Análisis de comportamiento sobre simplemente listas blancas.

- 💼 Fortalecimiento de políticas de seguridad en DevOps.

🔓 Equifax (2017): La filtración que afectó a millones

🔍 *Qué falló:*

- La vulnerabilidad estaba en Apache Struts, un framework web ampliamente usado.

- El parche de seguridad estaba disponible dos meses antes del ataque, pero no fue aplicado.

- No se detectó actividad inusual durante semanas.

◼ *Impacto:*

- Datos robados: nombres, números de seguridad social, fechas de nacimiento, direcciones y números de licencia.

Costos: más de 700 millones de

dólares en multas, demandas y reparaciones.

- **Daño reputacional irreversible**.

📄 *Lecciones:*

- ◻ Gestión efectiva de parches es fundamental en entornos corporativos.

- 🔍 Auditoría constante de seguridad sobre plataformas web.

- ▮ Tener políticas de respuesta a incidentes bien definidas y probadas.

- 🔒 Limitar el acceso y exposición de datos sensibles innecesarios.

🕵 Análisis Forense de Incidentes

El análisis forense digital es la disciplina que permite identificar, contener, erradicar y entender los incidentes de ciberseguridad. En cada uno de estos ataques, el forense fue clave para descubrir la magnitud y vector del ataque.

🔍 *Etapas del análisis forense:*

1. Identificación del incidente
2. 🔍 ¿Qué ocurrió y cómo se detectó?
3. Preservación de evidencia
4. 📁 Clonación de discos, capturas de tráfico, registros (logs).
5. Análisis detallado
6. 💬 Se estudia cómo entró el atacante, qué comandos usó, qué exfiltró.
7. Contención y mitigación
8. ⬡ Se aíslan sistemas, se detiene el daño.
9. Erradicación y recuperación

10. ⚒ Eliminación de backdoors, reconstrucción del entorno seguro.

11. Documentación y reporte final

12. 📄 Sirve para auditoría, lecciones aprendidas y respuesta legal.

⚒ Herramientas clave:

- **Wireshark: análisis de tráfico de red**
- **Volatility: análisis de memoria**
- **FTK/EnCase: investigación forense estructurada**
- **SIEMs (Splunk, ELK, QRadar): correlación de eventos en tiempo real**

Impacto Económico, Reputacional y Legal

Los ataques cibernéticos no solo afectan la tecnología: su huella se extiende a las finanzas, la reputación y el marco legal de las organizaciones.

🦋 *Impacto Económico*

- 💰 **Costos directos: recuperación de datos, equipos, consultorías, horas hombre.**

- ■ **Costos indirectos: pérdida de clientes, reducción de acciones en bolsa, demandas.**

- ■ **Ejemplo: el ataque a Equifax llevó a una caída del 33% en el valor de sus acciones en semanas.**

🗡 *Impacto Reputacional*

- ▪ La confianza del cliente se erosiona: "Si no pueden proteger mi información, ¿por qué confiar en ellos?"

- ▪ Marcas se vuelven sinónimo de negligencia o incompetencia.

- ▪ Daños prolongados: aún años después, las búsquedas de "Equifax hack" siguen dominando los resultados.

- 📜 **Legislaciones como GDPR en Europa y CCPA en California exigen notificación y responsabilidad legal ante filtraciones.**

- **Multas millonarias por no cumplir con normativas de protección de datos.**

- 📋 **Obligación de crear políticas de ciberseguridad robustas y demostrables.**

💬 *Cada uno de estos casos no solo representa una tragedia cibernética, sino un compendio de advertencias para el presente. Ignorar los parches, confiar demasiado en software de terceros, o subestimar el valor de los datos personales puede tener consecuencias devastadoras.*

🔐 *La ciberseguridad ya no puede ser reactiva: debe ser proactiva, estratégica y transversal. Y la clave está en aprender de los errores del pasado para blindar el futuro.*

Capítulo 8: Estrategias de defensa y respuesta ante incidentes

Y RESPUESTA ANTE INCIDENTES

- Planificación, prevención y mitigación
- Centros de operaciones de seguridad (SOC)
- Planes de continuidad y recuperación

✿ Planificación, prevención y mitigación: el corazón de una defensa cibernética eficaz

◆ Planificación proactiva: la clave de la anticipación digital

En ciberseguridad, esperar a que ocurra un ataque para reaccionar es un error costoso. La *planificación estratégica* implica diseñar, documentar y probar políticas, procedimientos y herramientas que puedan activarse de inmediato ante cualquier eventualidad. Esto incluye la evaluación constante de vulnerabilidades, la identificación de activos críticos, la definición de roles de respuesta y la asignación de recursos.

🔍 Cada organización debe realizar simulacros y ejercicios de respuesta para validar su capacidad real de reacción. Además, es fundamental mantener actualizado el inventario de amenazas posibles y las rutas de ataque más comunes (vector de ataque), teniendo en cuenta el panorama global y el sector en el que se opera.

♦ Prevención: detener antes de que ocurra

Las medidas preventivas forman la primera línea de defensa. Estas incluyen desde actualizaciones de software periódicas, políticas estrictas de contraseñas, monitoreo de tráfico de red, hasta la formación constante del personal.

💡 La concienciación y la capacitación continua de los empleados reduce significativamente la superficie de ataque: un usuario que no cae en el phishing ya representa una brecha cerrada. Asimismo, mantener sistemas parcheados evita que exploits conocidos sean usados en nuestra contra.

◆ Mitigación: limitar el daño, preservar la continuidad

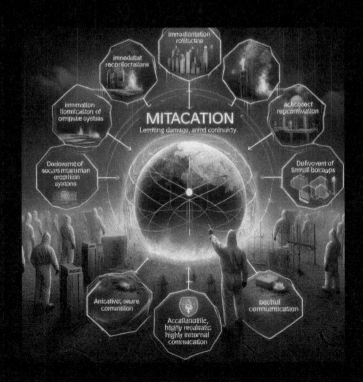

Cuando la prevención falla, la mitigación efectiva marca la diferencia entre un incidente menor y una catástrofe organizacional. Las herramientas de mitigación incluyen el aislamiento inmediato de sistemas comprometidos, la reconfiguración de accesos, el despliegue de reglas de firewall temporales, la activación de backups seguros y la comunicación interna precisa.

⬡ La rapidez en estas acciones es vital. Cuanto menor sea el tiempo de exposición, menor será el impacto reputacional, financiero y legal.

🔲 Centros de Operaciones de Seguridad (SOC): el cerebro táctico de la defensa cibernética

◆ ¿Qué es un SOC y por qué es indispensable?

Un Centro de Operaciones de Seguridad (SOC) es una unidad centralizada encargada de monitorear, detectar, responder y analizar eventos de seguridad en tiempo real dentro de una organización. Su función va mucho más allá del monitoreo técnico: representa la unión entre tecnología, procesos y talento humano especializado.

🛰 Estos centros actúan 24/7 y son responsables de filtrar millones de logs, alertas y señales para identificar patrones anómalos, investigar posibles amenazas y coordinar una respuesta inmediata y escalada cuando es necesario.

◆ Componentes clave de un SOC eficaz

Un SOC robusto debe incluir:

- 🔍 **Sistemas SIEM (Security Information and Event Management):** para la correlación inteligente de eventos de seguridad.

- 👤 **Analistas de ciberseguridad de diferentes niveles (L1 a L3): encargados de recibir, categorizar e investigar alertas.**

- 🔔 **Herramientas de automatización y orquestación (SOAR): para responder rápidamente a incidentes con procesos automatizados.**

- ⬛ **Paneles de visualización en tiempo real, que permiten a los tomadores de decisión reaccionar con datos concretos.**

- ⬤ **Inteligencia de amenazas (Threat Intelligence) integrada: que mejora el contexto de las alertas y aumenta la precisión de las acciones.**

El rol estratégico del SOC en una cultura de seguridad

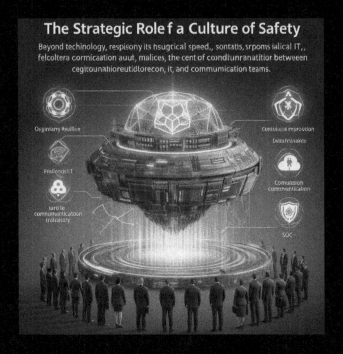

Más allá de la tecnología, el SOC representa una filosofía organizacional de resiliencia digital. Permite responder a incidentes con rapidez quirúrgica, facilita auditorías regulatorias, promueve la mejora continua y se convierte en el centro de coordinación entre los equipos de IT,

📑 En las empresas más avanzadas, el SOC evoluciona a un CSOC (*Cyber Security Operations Center*), con funciones de predicción de amenazas y análisis proactivo basado en IA.

📋 Planes de continuidad del negocio y recuperación ante desastres

◆ ¿Qué es un plan de continuidad del negocio (BCP)?

Un **BCP** (*Business Continuity Plan*) es un conjunto de estrategias, procesos y procedimientos diseñados para garantizar que una organización pueda seguir operando durante y después de un incidente disruptivo, como un ciberataque.

💼 En ciberseguridad, esto implica tener sistemas redundantes, backups distribuidos, medios alternativos de comunicación, servidores de respaldo y personal capacitado en tareas críticas.

◆ Plan de recuperación ante desastres (DRP): el renacer post-incidente

El DRP (*Disaster Recovery Plan*), por su parte, se enfoca en restaurar sistemas tecnológicos y datos lo más rápido posible luego de un incidente severo. Esto abarca la reconstrucción de servidores, la reactivación de plataformas digitales, la verificación de integridad de bases de datos y la comunicación controlada con clientes y stakeholders.

⏱ El objetivo principal es reducir el RTO (Recovery Time Objective) y el RPO (Recovery Point Objective), es decir, el tiempo y la cantidad de datos que pueden perderse sin afectar de forma crítica a la operación.

◆ Simulacros, auditorías y evolución continua

Un plan que no se prueba, no sirve. Las organizaciones deben realizar simulacros regulares, auditar sus capacidades de respuesta y actualizar sus BCP y DRP al menos una vez al año o tras cada incidente significativo.

📌 Las lecciones aprendidas, junto con los cambios tecnológicos y normativos, deben reflejarse en versiones evolutivas de estos planes. La ciberseguridad no es estática: es dinámica y requiere adaptación permanente.

la defensa empieza antes del ataque

🔒 *En un mundo donde los ciberataques pueden golpear en cualquier momento, prepararse, defenderse y recuperarse se convierten en pilares de supervivencia digital. La planificación proactiva, el establecimiento de un SOC sólido y la implementación de planes de continuidad robustos no son opciones, son necesidades ineludibles.*

🏛 *Las organizaciones que invierten hoy en defensa estructurada evitarán mañana pérdidas millonarias, daños reputacionales y sanciones legales.*

◆ Capítulo 9: Cultura organizacional y capacitación en ciberseguridad

Concienciación y formación del personal: el primer muro de defensa

◆ La ciberseguridad no comienza con firewalls, sino con personas

A menudo se dice que el eslabón más débil de la seguridad es el ser humano. Esto es parcialmente cierto, pero también puede ser el más fuerte, si se forma correctamente. La cultura organizacional en ciberseguridad parte de la concienciación de cada colaborador: desde el CEO hasta el personal operativo.

💡 *No sirve de nada tener la infraestructura más robusta del mundo si un empleado hace clic en un enlace malicioso o comparte contraseñas por error.*

◆ Amenazas internas por desconocimiento (y cómo prevenirlas)

La mayoría de incidentes de seguridad internos no son por malicia, sino *por falta de conciencia*:

- 📥 Descargar adjuntos de correos sospechosos

- 🔓 Usar contraseñas débiles o repetidas

- 🔌 Conectar dispositivos personales sin autorización

- 💬 Divulgar información sensible por error

♠ La formación continua y actualizada es el antídoto contra estos errores. Los programas deben enseñar:

- Cómo identificar phishing y ataques de ingeniería social

- Buenas prácticas de contraseñas y autenticación

- **Uso seguro de dispositivos móviles y conexiones remotas**

- **Política de uso aceptable de tecnología en la empresa**

■ *La educación debe ser frecuente, práctica, amigable y personalizada según los roles de cada usuario.*

🍎Implementación de políticas claras: reglas que guían el comportamiento seguro

◆ Las políticas son el marco de referencia del comportamiento digital

No basta con capacitar: las organizaciones deben establecer y documentar políticas claras, accesibles y bien comunicadas sobre el uso seguro de la tecnología. Estas políticas definen los límites, las responsabilidades y las consecuencias en caso de incumplimiento.

■ *Las principales políticas en ciberseguridad incluyen:*

- **Política de contraseñas (requisitos de complejidad, caducidad, gestión)**

- **Política de acceso remoto y BYOD (Bring Your Own Device)**

- **Política de retención y eliminación de datos**

- **Política de clasificación y tratamiento de la información**

- **Política de respuesta ante incidentes y uso aceptable de recursos**

◆ **Importancia de la alineación con el contexto organizacional**

Las políticas deben ser coherentes con:

- El tamaño de la organización

- El sector y los reglamentos aplicables

- La madurez tecnológica del entorno

- Los niveles de exposición al riesgo

📌 *Además, deben ser flexibles y actualizables, porque las amenazas cambian constantemente y los procesos también evolucionan.*

◆ **Comunicación y accesibilidad**

Una política no sirve si nadie la conoce. Las organizaciones deben asegurarse de que cada colaborador tenga acceso y comprensión sobre las políticas de ciberseguridad.

📣 **Esto incluye explicarlas en capacitaciones, incluirlas en la inducción de nuevos empleados, y habilitar canales para consultas o reportes de incidentes.**

Simulacros y auditorías continuas: de la teoría a la práctica

Simulacros: entrenar antes de que sea real

Así como los bomberos hacen simulacros de incendio, las organizaciones deben practicar la respuesta a ciberataques. Estos simulacros permiten:

- 💬 Evaluar la preparación del personal

- 🗣️ Medir la eficacia de los procedimientos

- Detectar debilidades en tiempo real

Algunos ejemplos de simulacros:

- Simulación de un ataque de ransomware que afecta servidores

- Ejercicio de suplantación de identidad (phishing controlado)

- Prueba de desconexión controlada de servicios críticos

- Respuesta coordinada a una brecha de datos

🦇 Estos ejercicios no solo miden tiempos de respuesta, sino que fortalecen la cultura de trabajo colaborativo ante el estrés digital.

◆ Auditorías internas y externas: control y mejora continua

Una auditoría de ciberseguridad revisa que se cumplan las políticas, se usen controles adecuados y se proteja la información de manera eficaz.

👤 **Las auditorías pueden ser:**

- Internas, realizadas por el equipo de seguridad

- Externas, por firmas especializadas e independientes

▌Los principales aspectos que se auditan incluyen:

- Configuración de redes, accesos y servidores

- Actualización de software y parches

- Gestión de incidentes

- Registro de logs y monitoreo

- Nivel de cumplimiento normativo (ISO 27001, GDPR, etc.)

🧩 La clave está en no ver la auditoría como un castigo, sino como una herramienta para identificar puntos ciegos y fortalecer el sistema.

🌐 Cultura de seguridad: un activo intangible pero poderoso

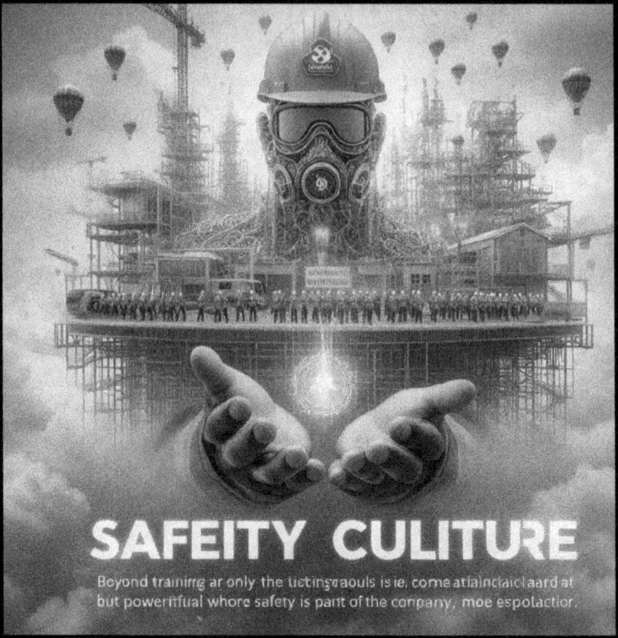

◆ **Más allá de la capacitación: construir mentalidad de seguridad**

Formar y capacitar son solo los primeros pasos. El objetivo final es crear una cultura organizacional donde la seguridad sea parte del ADN de cada miembro de la empresa.

Esto implica:

- 👀 Que todos estén atentos a comportamientos sospechosos

- 🐚 Que se fomente la denuncia de incidentes sin miedo a represalias

- ⚪ Que se tome la seguridad como parte de la misión de la empresa

- 🖊 Que haya colaboración entre áreas técnicas y no técnicas

♦ Liderazgo como ejemplo de cultura de ciberseguridad

Si los altos directivos no respetan políticas, los demás tampoco lo harán. La seguridad debe ser una prioridad estratégica, con inversión real, liderazgo activo y toma de decisiones basada en riesgos.

⬤ La cultura se refuerza con:

- Reconocimientos a buenas prácticas

- Canales para reportar amenazas

- Comunicación transparente sobre incidentes

- **Revisión periódica de las lecciones aprendidas**

sin personas no hay ciberseguridad

📽️ *La tecnología puede hacer mucho, pero las personas bien capacitadas y comprometidas son el verdadero blindaje contra los ataques. Crear una cultura sólida de ciberseguridad no es solo tarea del departamento de IT: es una responsabilidad transversal, desde recursos humanos hasta alta dirección*

💬 *Concienciar, formar, auditar y mejorar son los pilares que transforman a una organización vulnerable en una entidad resiliente y proactiva frente al caos digital.*

🔲 *Porque al final, la mejor defensa es una mente entrenada.*

◆ Capítulo 10: El futuro de la ciberseguridad

🏛 Inteligencia artificial, machine learning y automatización: el nuevo arsenal cibernético

◆ La IA como aliada y como amenaza

La inteligencia artificial (IA) y el machine learning (ML) están revolucionando la ciberseguridad al ofrecer velocidad, escalabilidad y capacidad predictiva sin precedentes. Hoy, los sistemas de defensa automatizados pueden analizar millones de eventos por segundo, detectar patrones anómalos y responder en tiempo real a amenazas complejas.

● *Ejemplos del poder de la IA en ciberseguridad:*

- 🔍 Análisis de comportamiento de usuarios para detectar accesos sospechosos

- 🕷 **Detección de malware basado en patrones, no firmas conocidas**

- ⚡ **Automatización de respuestas a incidentes (cerrar sesiones, aislar dispositivos, bloquear IPs)**

💡 *La IA permite pasar de una postura reactiva a una defensa proactiva e inteligente.*

- ◆ **Pero cuidado: los atacantes también usan IA**

Así como las organizaciones aprovechan la IA, los cibercriminales también lo hacen. Están desarrollando:

Jut as anices organizations lerecallange AI so iolare c, berrururauen fors for Dmos 1s attacks, tlu, cyber crunnirulla, Thes he devolpingacuets anclorer snparter bots or sraping. or inngeruna. dores ess, Thu arcan mialyag attticr\ dlDls botior scacraciong, cinen allorose speccaction.

- 🗿 **Bots más inteligentes para ataques DDoS o scraping**

- 🦋 **Deepfakes para suplantación de identidad**

- ▪️ **Phishing hiperpersonalizado mediante NLP**

- 🧬 **Malware polimórfico que se adapta en tiempo real**

El gran desafío es mantener la delantera en esta carrera armamentista digital, donde el que tenga el mejor algoritmo, gana.

Seguridad en la nube y entornos híbridos: proteger el cielo digital

◆ La nube: oportunidades y nuevos riesgos

La adopción masiva de la computación en la nube ha transformado la infraestructura tecnológica de las organizaciones. Plataformas como AWS, Azure y Google Cloud ofrecen escalabilidad, disponibilidad y agilidad, pero también plantean riesgos únicos.

⚡ *Amenazas en entornos cloud:*

- Mala configuración de buckets o servicios expuestos

- Accesos no controlados o excesivos

- Falta de cifrado de datos en tránsito y en reposo

- Integraciones inseguras con APIs de terceros

🔒 En la nube, el modelo de responsabilidad compartida implica que el proveedor asegura la infraestructura, pero el cliente debe proteger sus datos, accesos y configuraciones. Este matiz es crucial y muchas veces malinterpretado.

◆ Entornos híbridos y multinube: complejidad creciente

Muchas organizaciones optan por modelos híbridos (nube + on-premise) o multinube (varios proveedores). Aunque esto brinda flexibilidad, también introduce complejidad operativa y desafíos como:

- Coordinación de políticas de seguridad entre entornos

- Visibilidad fragmentada de amenazas

- Gestión de credenciales, cifrado y cumplimiento regulatorio

🔍 *La clave está en adoptar soluciones de seguridad unificada, con monitoreo, autenticación y protección de datos integradas en todas las capas.*

🛈 Tendencias emergentes y desafíos globales: lo que se avecina

◆ Ciberseguridad cuántica: la amenaza al cifrado actual

Con el avance de la computación cuántica, muchos algoritmos criptográficos tradicionales como RSA y ECC corren el riesgo de volverse obsoletos.

🔐 La criptografía poscuántica ya está en desarrollo, buscando resistir ataques de futuros ordenadores cuánticos capaces de romper claves en segundos.

🌐 Las organizaciones deben estar atentas a esta transición, evaluando desde ya:

- Sus sistemas de cifrado actuales

- Las dependencias tecnológicas vulnerables

- El uso de algoritmos post-cuánticos emergentes recomendados por instituciones como NIST

    ◆ Zero Trust Architecture: confiar en nadie, verificar siempre

El modelo de confianza cero (Zero Trust) se está convirtiendo en el nuevo estándar. Su principio fundamental:

"Nunca confíes por defecto, siempre verifica cada acceso."

🛒 **Esto implica:**

- Autenticación multifactor en todas partes

- Microsegmentación de redes

- Monitoreo continuo del comportamiento del usuario

- Aplicación estricta del mínimo privilegio

Zero Trust no es un producto, sino una estrategia integral para defender sistemas cada vez más descentralizados y vulnerables.

◆ Normativas globales más
estrictas y responsabilidad legal

Las leyes y regulaciones en materia de
ciberseguridad están evolucionando
rápidamente. Las organizaciones
deberán adaptarse a:

- 🪙 GDPR (Europa), CCPA
(California), y nuevas normativas
en Latinoamérica

- 🗣️ Requisitos obligatorios de
notificación de incidentes

- 💼 Responsabilidad penal para
altos directivos por negligencia en
seguridad

- ⚪ Acuerdos internacionales sobre
cibercrimen y soberanía digital

◆ Escasez de talento y formación continua

Uno de los mayores retos del futuro será la falta de profesionales capacitados en ciberseguridad. La demanda crece más rápido que la oferta, lo cual:

- Abre oportunidades profesionales enormes

- Exige programas de formación, certificaciones y entrenamiento continuo

- Impulsa la automatización, pero también la colaboración entre humanos y máquinas

● *La seguridad del mañana será híbrida: tecnológica y humana.*

el futuro de la ciberseguridad ya comenzó

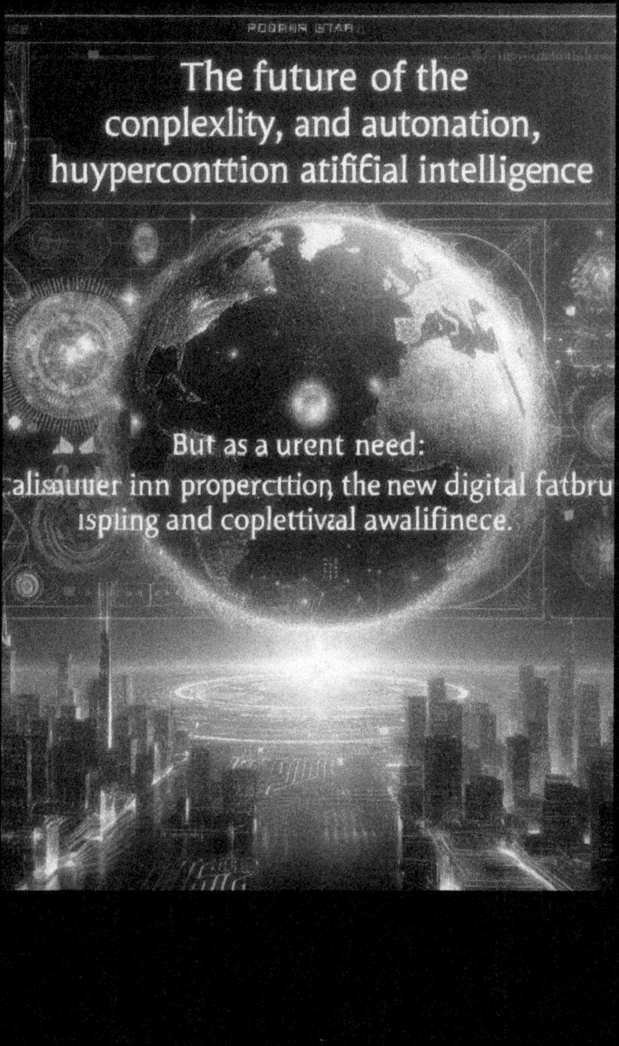

● *El futuro de la ciberseguridad está marcado por la complejidad, la automatización, la hiperconectividad y la inteligencia artificial.*

Pero también por una necesidad urgente: la cooperación global y la conciencia colectiva para proteger el nuevo tejido digital del mundo.

📌 **Las organizaciones que sobrevivan y prosperen no serán las que tengan más recursos, sino las que sepan adaptarse, anticiparse y educar a su gente.**

🚀 *Porque en el nuevo paradigma digital, la ciberseguridad no será un departamento, será una filosofía. Una mentalidad transversal que debe integrarse en cada decisión, cada proceso, y cada clic.*

¡ GRACIAS POR
LEERME¡